AF463969

CHARLES DE VILLERS.

LETTRE

À

MADAME LA COMTESSE

F.... DE B.........;

contenant

un récit des événemens qui se sont passés

à

LUBECK

dans la journée du Jeudi 6 Novembre 1806, et les suivantes,

par

CHARLES DE VILLERS,

ancien Capitaine d'artillerie, Correspondant de l'Institut national &c.

SECONDE EDITION.

Augmentée considerablement et ornée du portrait de l'auteur.

AMSTERDAM, 1807.

AU BUREAU DES ARTS ET D'INDUSTRIE.
(Warmoesstraat N°. 9.)

AVERTISSEMENT

DES

EDITEURS.

Le mémoire historique, en forme de lettre, que nous publions ici, fut adressé par Mr. de *Villers* peu de tems après la malheureuse catastrophe de Lubeck à Madame la Comtesse de B..........., dont le nom, déja anciennement illustre, a été bien plus illustré encore depuis; et que cette Dame elle même avoit rendu célèbre dans la litterature. L'auteur en fit imprimer d'abord à ses fraix et pour un but tout particulier un très petit nombre d'exemplaires qui devoient simplement tenir lieu de copies manuscrites. Mais cet écrit ayant déja percé çà et là; et son auteur voyant combien il étoit douteux qu'il en pût prévenir la publication subreptice, a bien voulu ceder à notre desir et nous permettre de l'imprimer, après en avoir retranché quelques localités qui ne pouvaient avoir nul interêt pour le public. Ce qui doit en avoir, c'est l'historique du combat et de la remarquable catastrophe qui en fut la suite par un témoin oculaire, qui y a été spectateur et acteur; et dont le récit est resté en entier.

LETTRE

à Madame la Comtesse F.... de B....

Contenant un récit des événemens qui se sont passés à Lubeck, dans la journée du jeudi 6 novembre 1806, et les suivantes.

Madame,

Le touchant souvenir dont vous avez bien voulu m'honorer, m'est parvenu dans un de ces momens de la vie où l'on a le plus besoin de sentir l'affliction qu'on éprouve partagée par des ames nobles et tendres; où le ressentiment de l'injustice qu'on voit sans en pouvoir arrêter le cours, rend plus disposé à l'estime de tout ce qui est juste et bon; où le spectacle de l'inhumanité rend plus douce la compassion des coeurs généreux et humains. Je vous dois, Madame, ce genre de consolation réelle. L'une des plus riantes images que j'avais emportées de Paris dans ma solitude, était celle de l'accueil plein de grace et de bonté que vous aviez daigné m'y faire. J'en étais souvent occupé; j'en entretenais souvent ma respectable compagne de voyage, Madame R...., qui de son côté n'y pensait jamais sans attendrissement et sans reconnaissance. Si nous desirions revoir Paris, c'était surtout pour y jouir encore, Madame, de ce flatteur accueil, de la réunion si rare qui se trouve en vous de tous les talens de l'esprit avec la plus exquise bienveillance, et en jouir encore mieux à cette seconde fois.

Hélas, Madame, nous étions loin de prévoir que ce jour si beau dans l'avenir dût être précédé ici de jours de deuil et de terreur. Vous voulez savoir par quels événemens ils ont été signalés; et je vais essayer de vous obéir. — Le modeste nom de Lubeck ne rappellait naguère qu'un petit coin du monde assez ignoré, où une paisible industrie, où le commerce entretenaient une aisance et un bonheur tranquilles. Jadis, capitale de la florissante Hanse Teutonique, qui s'étendait du Rhin jusqu'à Novogorod, cette république de marchands fut puissante dans le Nord, et y dicta des lois à plus d'un Souverain. Depuis plusieurs siècles, il n'est plus question de tout cela. Lubeck était à-peu-près oublié dans l'imposante histoire de notre age, quand le hazard le plus imprévu amena dans ses murs quelques-uns des grands acteurs qui occupent la scène du monde. Cette ville devint tout-à-coup le théâtre d'une sanglante tragédie, qui lui a laissé au dedans des calamités de plus d'une espèce, et lui a acquis au dehors la triste célébrité de l'infortune.

Le malheur a pour l'homme tant de faces diverses, Madame, que pour en comprendre toute l'intensité, il ne faut oublier aucune des circonstances morales qui l'accompagnent. Un malheur, ou mérité, ou du moins prévu, qui est inévitable suivant le cours des choses humaines, semble toujours moins pénible à supporter. Celui qui n'a été ni mérité, ni prévu, qui naît d'une erreur funeste de la destinée, qui porte avec soi le caractère outrageux de l'injustice, produit l'accablement et le desespoir, et son atteinte est mortelle. L'un est le trait qui blesse et peut tuer; mais l'autre est le trait empoisonné dont la simple piqûre répand le ravage et l'angoisse dans tout l'être. La mort d'un héros sur un champ de bataille est un événement glorieux et presqu'une fête triomphale: le meurtre d'un homme paisible, qu'on vient égorger à l'improviste sous son toit, est une action révoltante, qui afflige l'humanité. Ainsi quand le gouvernement qui préside aux intérêts de la patrie a sonné l'allarme, qu'il nous a avertis de l'état de guerre où nous allons entrer avec telle nation ennemie, le soldat et le citoyen sont prévenus des chances qu'ils ont à courir. Il se forme dans toutes les ames un sentiment de courage et de résignation, basé sur l'amour de la patrie, et la nécessité de soutenir la cause commune; chacun enfin se trouve à sa place, et s'attend à tout ce qui peut arriver. Si l'on éprouve un revers, qu'une ville soit conquise et traitée rigoureusement par le vainqueur, l'habitant s'arme de force, et supporte une infortune qui était dans le cours de sa destinée. Mais quand suivant le droit des nations, quand d'après les assurances les plus positives, on se croit certain de la neutralité et de la paix; et que tout-à-coup on se sent frappé; et que la main qui frappe est précisement celle qu'on regardait comme la plus amie — ô alors, tout courage et toute résignation deviennent impossibles; la terreur qu'inspire cette épouvantable surprise anéantit toutes les facultés; le tumulte des armes semble lui-même moins redoutable, que l'aspect moral de l'événement. „Quand „le ciel est noirci de nuages amoncelés,“ dit le poète allemand *Schiller*, „quand les „éclats du tonnèrre retentissent de tou„tes parts, les humains se sentent asservis „à l'inflexible pouvoir de la destinée. „Mais quand c'est d'un ciel serein que „part la foudre qui tombe sur nous, quel„le ame est assez préparée à la douleur?“

Telle étoit, Madame, la position de

Lubeck avant les premiers jours de Novembre dernier. Cette ville fait le commerce de la Baltique pour la France et quelques uns de ses alliés, tels que l'Espagne et l'Italie. Elle le fait avantageusement pour les places françoises; et Rouen, Nantes, Bourdeaux, Bayonne, Cette, Lyon savent de quelle utilité sont pour leurs affaires dans le Nord les comptoirs de Lubeck; ils savent quelle probité et quelle exactitude y regnent. Pour ces raisons et pour d'autres l'Empereur a toujours favorisé et assuré de sa protection cette ville. Quand s'alluma cette dernière guerre si glorieuse pour la France, si désastreuse pour ses ennemis, personne n'eut pû prévoir que le feu s'en étendrait jusqu'à ses paisibles murs. La simple inspection de la carte en éloignait l'idée. Sans doute on s'attendait à voir l'armée prussienne battue; mais sa retraite devait se diriger vers l'Est, sur Magdebourg, Berlin et les places de l'Oder. Quoiqu'il en arrivât, Lubeck était hors de tout chemin stratégique. Rien ne pouvait attirer les troupes françaises vers le Nord, qu'une mésintelligence avec le Danemark; mais la profonde sagesse de l'excellent prince, qui depuis long-tems y veille au bonheur et à la sureté du pays, ne laissait rien redouter à cet égard. Ayant appris les premiers triomphes de notre Grande-Armée, la victoire mémorable du 14 octobre à Jéna, et la déroute de l'armée prussienne, je n'en conçus aucune inquiétude sur le sort de la bonne ville que j'habitais, et que j'étais destiné à voir bientôt inopinément frapper par la foudre.

Qui eut pû prévoir en effet l'inconcevable dispersion de cette armée prussienne, que la savante tactique de l'EMPEREUR coupa et enveloppa de toutes parts? L'armée française était à Berlin, que nombre de détachemens prussiens, les uns de quelques hommes, les autres de quelques régimens, éparpillés, errans, ayant perdu la carte, et ne sachant où tourner, se trouvaient sur les derrières, séparés sans retour de leur roi et des restes de leur monarchie. Plusieurs, dans cette position critique, mirent bas les armes et se rendirent à des corps français plus faibles qu'eux. D'autres, courant le pays, se réunissant à d'autres parcelles errantes que le hazard leur faisait rencontrer, s'agglomérant comme une avalanche, reformèrent une armée de 25, d'autres disent de 30 mille hommes, sous la conduite du général *Blucher*, qui avant la guerre avait un commandement en Westphalie. Ce corps, nombreux comme il l'était, et ayant plus de six mille chevaux, aurait du se faire jour et atteindre l'Oder. Il ne fut d'abord poursuivi que par le 1er corps de la Grande-Armée, fort seulement de 12,000 hommes, et presque sans cavalerie; mais ayant à sa tête le prince de *Ponte-Corvo*, qui se jouait du général prussien. Jusqu'au 30 octobre dernier, celui-ci opéra sur territoire prussien. A cette époque, il se jeta de la province d'Ukermark, dans les duchés de Meklembourg, pays neutre, qu'il livra à toute sorte de ravages. Il traversa cette malheureuse contrée, longue de plus de quarante lieues, en six jours, qui suffirent pour la ruiner, et il y fut battu six fois à son arrière-garde. Le

Grand-duc de *Berg*, avec son corps de cavalerie, et le maréchal *Soult*, commandant le 4me corps, s'étaient joints dans cet intervalle au prince de *Ponte-Corvo*. Le 5 novembre, les Prussiens violèrent le territoire de Lubeck, brisèrent les portes de la ville, où ils se retranchèrent, en furent chassés le 6 par les Français, et capitulèrent le lendemain 7, à deux lieues derrière la ville.

Vous voyez, Madame, que cette opération a marché rapidement, comme toutes celles qui s'exécutent sous l'influence du génie de *Napoléon*. Je ne vous en dirai pas davantage à ce sujet. Ce n'est pas l'histoire d'événemens militaires que vous me demandez; c'est la mienne, c'est celle de tant d'infortunés dont j'ai vu les souffrances. Votre ame compatissante l'apprendra, et en gémira sans doute. Permettez que, pour les autres détails, je vous renvoye à un *Récit du combat de Lubeck*, imprimé ici, avec un *Plan*, et dont j'ai l'honneur de joindre à cette lettre un exemplaire *).

*) Combat de Lubeck, le 6 novembre,

Depuis que les journaux m'avaient appris l'entière dispersion de l'armée prussienne, et la marche irrégulière de tant de corps errans sans but, j'avais commencé à craindre que quelques-uns de ces fuyards ne s'égarassent jusqu'ici. Mais je pensais que s'ils eussent été en petit nombre, on eût pu leur faire résistance. Les premiers jours de novembre ne nous apportèrent plus que des nouvelles incertaines et contradictoires. Des émigrans du Meklembourg, qui se rendaient dans le Holstein, nous apprirent qu'un corps prussien parcourait leur pays, ayant un corps français a sa poursuite; mais on nous donnait cette armée prussienne pour une faible division; et l'on croyait aussi les Français en très - petit nombre. Nous ignorions jusqu'au nom des chefs; et nous espérions apprendre à chaque instant que les Prussiens avaient mis bas les armes; d'autant que les gazettes nous annoncaient tous les jours des événemens de cette

1806. Lubeck, chez J. F. Bohn, in 4to de 8 pages, avec un Plan. *Se trouve chez les principaux libraires de l'Europe.*

nature. Nous imaginions qu'on respecterait un petit territoire neutre, qui ne pouvait mener nulle part, et qu'on ne voudrait pas envelopper dans les malheurs de la guerre une ville de commerce indépendante, qui n'avait rien à démêler dans cette querelle. Je le pensais moi-même, car c'est toujours ce qu'il y a de plus droit et de plus raisonable qui se présente d'abord à l'esprit. On devrait savoir, pourtant, que cette manière de juger les choses humaines est presque toujours illusoire et trompeuse.

Mr. le géneral *Blucher* avait été sommé en effet, à plusieurs reprises, de se rendre et de capituler, d'épargner à ses propres soldats tant de fatigues et de périls inutiles, et aux malheureux habitans du pays tant de calamités. Sa reponse fut à chaque fois, qu'il ne capitulerait jamais tant qu'il lui resterait une goutte de sang dans les veines. Enfin le mercredi 5 novembre, dans la matinée, nous vîmes arriver inopinément, à la porte qui donne vers le Meklembourg, quelques détachemens de cavalerie prussienne, avec quantité de chariots remplis de blessés, de malades et de mourans; tous étaient dans le plus piteux état, harassés, couverts de lambeaux, périssans de faim et de soif. Leurs rapports nous confirmèrent dans la persuasion que le corps prussien auquel ils appartenaient ne pouvait plus faire résistance, et allait capituler dans les plaines du Meklembourg. Nous entendions fort au loin gronder le canon; nous étions dans l'attente de quelque nouvelle, notre inquiétude était vague, et nous ne pouvions encore nous persuader que la ville courut quelque danger. Mais à cinq heures du soir, le corps entier du général *Blucher* se présenta devant la même porte de la ville. En vain le Sénat prodigua-t-il les protestations, les oppositions, les prières; en vain allégua-t-il sa neutralité, et chercha-t-il à se couvrir de l'égide de la justice et du droit des gens; le chef prussien méprisa cette unique défense des faibles, et pénétra avec son armée dans la ville. L'aspect de ces troupes étrangères y jeta la consternation. Depuis plus d'un siecle, cette cité paisible n'avait point été troublée par l'appareil de la guerre. Elle se vit ainsi subitement remplie d'armes et de soldats. Il fallut, bien qu'on en eût, héberger ces sinistres hôtes, ce qui eut lieu fort en désordre, tant à cause de la nuit qui survint, qu'à cause de l'inexpérience extrême et de la nouveauté d'une telle opération. Je dois dire cependant, que tout fatigués qu'ils étaient, les Prussiens ne commirent aucun excès, et observèrent une très-exacte discipline. — Dans la maison où je demeure se trouva logé un capitaine fort honnête-homme, qui à souper nous assura que le lendemain, au point du jour, leur armée évacuerait la ville, pour aller en plaine attendre l'armée française, et en finir, vû qu'ils ne pouvaient pousser leur retraite plus loin. Le bon capitaine se trompait et nous trompait. Voici les dispositions que pendant ce tems-là faisait son général.

Lubeck est situé sur la rive droite de la Trave, et a trois portes de ce côté qui ouvrent sur la campagne. Sa quatrième a un pont qui mène sur la rive gauche de la Trave et dans le Holstein. Mr. *de Blucher* fit occuper les trois premières par une formidable artillerie, et posta des troupes en avant de chacune. Le reste de son armée passa par le pont de la quatrième porte, pour aller occuper toute la Trave et la petite ville de Travemunde, à l'embouchoure de cette rivière dans la mer baltique, à quatre lieues de Lubeck. Il résolut dans cette position d'attendre l'armée française.

Malheureusement, la ville lui offrait quelques moyens de défense, et avait encore conservé une trop grande partie de ses anciens boulevards. L'énergie des vieux Lubequois avait élevé ces fortifications dans un tems où une foule de petites puissances dans leur voisinage, entretenant de petites armées, se faisaient de petites guerres, où la ville elle-même pouvait prendre part, et durant le cours desquelles ses fossés et ses ponts-levis la mettaient en sûreté contre les partis qui désolaient la campagne. Mais depuis que de grandes puissances ont sur pié des armées de plusieurs centaines de mille hommes, et qu'il ne reste plus aux faibles d'autre moyen de défense que leur faiblesse même, il convient de renoncer à tous ces débris d'un tems qui n'est plus, et de se conformer à ce que préscrivent les circonstances présentes. C'est à quoi l'on a de la peine à se résoudre dans les villes ci-devant *Impériales*, où l'on reste toujours en beaucoup de choses trop en arrière de son siècle. — Enfin cependant, il y a environ deux ans qu'on s'était résolu à se defaire de l'artillerie, à démolir au moins les parapets et les ouvrages avancés aux portes de la ville; ce dont Dieu soit loué! Si les Prussiens avaient trouvé les fortifications dans leur ancien état, ils auraient pu à leur aide tenir huit ou quinze jours; le sort des habitans aurait été plus triste encore, et ils auraient vu réduire en cendres par un bombardement leurs maisons, leurs magazins et les navires dont leur rivière était couverte.

Cependant le Sénat assemblé négociait avec le général prussien, le conjurait d'éloigner ses troupes, d'épargner la ville, et de ne pas l'exposer aux horreurs d'une prise de vive-force. Il demandait qu'il lui fut permis d'envoyer une députation au quartier-général de l'armée française ; car dès l'instant où les Prussiens s'étaient emparé des portes, on ne put plus y passer sans leur agrément. A toutes ces demandes le général prussien répliqua par des promesses vagues, protestant qu'il n'attirerait sur la ville aucun danger, qu'il ne songeait nullement à la défendre, qu'il allait envoyer un parlementaire, et qu'il laisserait passer celui du Sénat, dès que ses dispositions militaires permettraient qu'il souffrit une communication de la ville avec le dehors. Cet instant n'arriva jamais ; et il ne fut pas libre à la députation, qui se tint constamment prête à monter en voiture, de sortir de la ville. Dans l'intervalle, Mr. *de Blucher* faisait requérir des vivres pour ses troupes, et annonçait que le lendemain il exigérait une contribution en argent. C'est dans cette anxiété, et dans un état de terreur sourde, que se passa cette nuit du cinq au six novembre.

Le lendemain matin, jeudi 6, on entendit canoner en avant des trois portes de la ville sur toute la rive droite de la Trave. C'étaient les trois corps français qui attaquaient et repoussaient les avant-postes prussiens. Ceux-ci se repliaient en désordre sur la ville, qui se remplissait de fuyards et de blessés. L'aspect de ces hommes mutilés, couverts de leur sang, qui parcouraient les rues et entraient dans les maisons, était horrible et redoublait la frayeur générale. Le feu de l'artillerie et de la mousqueterie roulant et continuel se rapprochait de tous les côtés, se concentrait et devenait plus vif. Des boulets et des obus commençaient à siffler au dessus de la ville et à tomber dans plusieurs quartiers. Grace au noble prince de *Ponte-Corvo*, le mal fut moins grand du côté de son attaque. Au moment le plus décisif, et où ses nombreux obusiers, déjà placés sous le feu à mitraille des batteries prussiennes, commençaient à jouer sur la ville, emporté par le plus beau sentiment d'humanité, il s'élance l'épée haute sur ses pièces les plus avancées, et crie au brave général *Ebiée*, qui commandait l'artillerie: „Ne jetez pas d'obus sur la „ville; nous aurons assez de nos canons „pour vaincre les Prussiens.“ — C'est à de pareils traits, Madame, qu'on reconnait dans l'homme l'image de la Bonté Suprême qui l'a créé; et la Providence ne semble les faire briller à nos yeux, que pour nous empêcher en certaines occasions de désespérer entièrement de notre cruelle espèce.

Ceci se passait vers midi. Le carnage fut horrible aux portes de la ville; la résistance des Prussiens fut opiniâtre; l'attaque des Français fut dune bravoure qui ressemble à la témérité. On dit, que Mr. *de Blucher* avait donné l'ordre d'incendier les maisons des rues qui aboutissent aux portes, afin d'arrêter le progrès des vainqueurs; on dit, qu'il avait promis le pillage de la ville à ses soldats, s'ils la défendaient avec succès. Je ne garantis pas ces bruits, bien que je ne sais quelles prétendues lois de la guerre, dignes de figurer dans un code de Bédouins, attribuent au soldat un droit illimité sur ce qu'il a défendu, ou conquis à la pointe de son épée. Tout ce que je sais, c'est que j'ai vu en ce moment, de mes propres yeux, le long des rues principales, les chasseurs prussiens se distribuer quatre à quatre dans les maisons d'un seul côté, afin de ne point tirer pendant l'action les uns sur les autres; et les officiers leur donner l'ordre de s'y retrancher, de tirer par les portes et les fenêtres. — Et c'est ainsi que le général prussien traitait cette ville, qu'il avait promis de ménager, appelant lê carnage jusques dans l'intérieur de ses maisons! Pourquoi n'envoya-t-il pas en cet instant un parlementaire pour demander à capituler, comme il prévoyait bien qu'il serait obligé de le faire le lendemain, étant acculé à la mer et à la frontière du Danemark, où se trouvait une armée prête à le repousser? — En effet, si le général *Blucher* avait le droit de violer un territoire neutre, pourquoi ne poussait-il pas sa fuite au delà de la frontière du Danemark? — „Parceque, dit-il dans son *rapport*, cela „aurait pû être contraire à nos intérêts.“ Singulière morale, qui met l'intérêt au dessus de l'équité! au moins faut-il avoir la pudeur de cacher de pareils motifs. Je conviens qu'aux yeux des militaires, qui ne prisent que leurs devoirs guerriers, le général prussien eût été excusable s'il eût tiré un grand parti de la défense de Lubeck, s'il s'y était soutenu quelque-tems, s'il avait reculé parlà sa défaite d'un intervalle notable. Mais à peine l'a-t-il reculée de quelques-heures, et il a capitulé le lendemain matin, presqu'à la vue de cette malheureuse ville. Dans son *rapport* officiel même, il ne porte q'uà *deux jours* la résistance qu'il pouvait y faire! Certes, c'est bien peu de profit, pour une aussi grande injustice, et qui devait être suivie de tant de maux! Personne assurement ne prise plus que moi la gloire attachée aux travaux guerriers et le noble devouement des armes. Mon coeur en fut longtems echauffé. Il est grand et beau de faire le sacrifice de soi-même, de ses affections et de sa propre vie à un *Devoir*, à une obligation envers sa patrie, ou le Prince, qui la represente. Rien de plus honorable, sans doute, que de combattre vaillamment pour une cause juste, ou que du moins l'on croit telle. Mais cette vertu guerrière si généreuse, si digne d'estime, ne doit pas rendre farouche l'ame quelle trempe et raffermit. Il n'existe aucune profession qui doive faire oublier tout-à-fait qu'on est homme; et s'il est quelques militaires qui pensent autrement,

„Je rends graces aux dieux de n'être plus Romain,
„Pour conserver encor quelque-chose d'humain."

(CORNEILLE.)

Figurez-vous cependant, Madame, l'état de stupeur dans toute la ville, et dans l'intérieur de chaque famille. Le bruit du compat aux portes de la ville, les obus qui éclataient çà et là dans les airs, le nombre des blessés et l'aspect du sang qui redoublait dans les rues; des corps de troupes qui couraient d'un lieu à l'autre. Alors les habitans, saisis d'épouvante, commencèrent, par un mouvement spontané, à fermer, autant qu'ils le purent (car les chasseurs prussiens s'y opposaient) leurs portes et leurs volets. Pour moi, je me rendis dans la maison de mon respectable ami, Mr. le bourguemestre R.... attenante à celle où je loge, et dont j'avais bien fait fermer la solide porte. Mr. R.... était au sénat, lequel s'était constitué permanent, et qui le demeura depuis nuit et jour pendant long-tems. Mme. R.... et ses trois enfans étaient dans un grand effroi. Je les rassurai de mon mieux, les reléguai dans une chambre écartée; et à l'aide des domestiques et de deux ouvriers qui se trouvèrent là, je fis remplir d'eau de grands baquets placés dans le vestibule, avec tous les sceaux de la maison, au cas que le feu prit quelque-part. Bientôt la porte dite du *Bourg*, la plus voisine de la maison R.... fut forcée par le corps du maréchal, prince *Bernadotte*. Prussiens et Français entrèrent pèle-mèle dans la ville. Dans la rue au-devant de notre maison commença alors un combat, ou plutôt un massacre acharné. On se tirait à brûle-pourpoint. L'embrasure assez profonde des portes, les échoppes, les caves, toutes les coupures fournissaient aux assaillans et aux ennemis qui combattaient en se retirant, des redans d'où ils ajustaient à coup sûr. Une fois tout ce fracas meurtrier avait passé devant nous; les tirailleurs Français étaient parvenus jusqu'au centre de la ville; une charge de la cavalerie prussienne les repousse, et fait repasser pour la seconde fois sous nos fenêtres cette scène terrible. Enfin nous l'eûmes encore une troisième, quand les bataillons français arrivant en force repoussèrent ce dernier effort de leur ennemi. Dans le reste de la ville l'affaire fut aussi meurtrière, et se prolongea encore quelque-tems, jusqu'à ce que tout ce qui s'y trouvait de Prussiens fussent morts, ou prisonniers, ou en fuite. On se battit jusques dans l'intérieur des maisons, où nos soldats poursuivirent les chasseurs prussiens, dans les chambres et jusques sur les toits. Plusieurs habitans furent tués pendant l'action. Parmi leur nombre on compte surtout un homme respectable, le pasteur de l'église du Bourg, Mr. *Stolterfoht*, dont la perte cause un deuil général; un jeune-homme intéressant, atteint au milieu de sa famille, et beaucoup d'autres. Dans notre voisinage même, il y eut trois personnes tuées ainsi. Plusieurs balles fracassèrent les fenêtres de la salle où le Sénat assemblé attendait avec constance l'issue de l'événement, et une d'elles tomba aux piés de Mr. R.... après avoir frappé la muraille. Quelle était sa situation, Madame, et celle de ses collègues, séparés de tout ce qu'ils avaient de plus cher, ignorant ce qui se passait dans leurs maisons, et retenus à leur poste par la voix du devoir et du devouement à leur patrie!

Lorsque le feu eut cessé dans la ville, et que les Français en furent tout-à-fait maîtres, ce qui eut lieu vers trois heures, les habitans rassurés se crurent hors de tout péril, et se félicitèrent d'être ainsi délivrés par les troupes d'une puissance protectrice. Ce sentiment fut général. Mais qu'il fut cruellement trompé! Précisément alors commença dans tous les quartiers de la malheureuse ville une scène de pillage et de meurtre, qui changea bientôt cette confiance trop hâtive en consternation et en désespoir. Je ne partageais point l'illusion de mes hôtes. J'ai été moi-même assez long-tems soldat, pour savoir quel sort est réservé à une ville prise d'assaut. Une famille voisine éplorée qui vint frapper à coups redoublés à la porte de notre maison pour s'y réfugier dès le premier instant, nous apprit assez à quel traitement les autres devaient s'attendre. Outre le dommage qui en pouvait résulter pour la maison si elle était forcée, je considérai surtout que Madame R.... et ses deux filles, dont la constitution nerveuse est irritable à l'excès, dont la sensibilité est portée à s'allarmer et à s'exalter vivement, ne supporteraient qu'avec peine la vue d'un tel esclandre et des violences qui l'accompagnent. Mon parti était pris d'avance. Je jetai mon chapeau rond, en pris un retapé et muni de la cocarde nationale, mon ancien sabre d'aide-de-camp sous le bras, mon manteau bleu sur les épaules, et je me postai ainsi à la grande porte de la maison, dont la belle apparence n'attirait que trop les regards cupides des troupes de pillards et de marodeurs, qui allaient par les rues; enfonçant portes et fenêtres, et pénétrant partout. J'eus le bonheur de les tenir tous écartés du seuil que j'avais résolu de défendre. Je repris avec eux la rudesse de mon ancien langage soldatesque; et parlant d'un air naturel à chaque troupe qui se présentait, je disais aux uns, que j'étais placé ici en *sauvegarde*; aux autres, que je faisais le logement d'un général qui allait arriver, et montrant des caissons qui passaient, je criais: „ voilà nos équipages qui arrivent; „ faites place! " — A d'autres je disais, que c'était ici la *municipalité*, et vingt défaites pareilles. Voilà ce dont quelques journaux ont parlé avec trop d'éloge. Tout cela était aisé, Madame, à un Français animé de quelque zèle pour ses amis, qui savait prendre le ton convenable à l'instant, et qui restait calme. Je remercie la main d'en-haut qui m'a protégé en cette rencontre, et a fait réussir mes mesures. J'en fus quitte pour me colleter avec deux ou trois plus mutins, et qui voulaient entrer de force, pour un coup de crosse dans la hanche, et pour mon manteau, qui s'étant détaché de mes épaules dans la mêlée, me fut enlevé.

Cependant, la nuit approchait, et avec elle le désordre devait encore s'accroître. Les trois Maréchaux s'étaient mis à la poursuite de l'ennemi, et ne revinrent que tard en ville, vers neuf heures du soir. Dans l'intervalle, Mr. R.... était rentré du sénat. Son retour fut une sensible consolation pour les siens, qu'il retrouva sains et saufs. S'il n'eût, par bonheur, été escorté pendant presque tout son chemin, il eût couru de grand dangers, car le tumulte était épouvantable. On arrêtait, on dépouillait, on maltraitait ceux qui osaient se montrer dans les rues. Un sénateur s'était réfugié peu auparavant dans l'hôtel du sénat, demi-nû, pâle, chargé du coups, dont il lui est resté un affaissement qui a nécessité sa retraite. Un messager du sénat, envoyé audehors pour une commission, était tombé mort d'un coup de bayonnette. Mr. R.... nous apprit qu'il avait offert sa maison pour y loger le prince de *Ponte-Corvo*. Cette nouvelle nous fût três-agréable. Mme. R.... s'occupa aussitôt avec ses femmes d'arranger son propre appartement pour y placer le prince, et des autres préparatifs. Quelque-tems après, arrivèrent partie des équipages et de la suite du maréchal. Une garde fut bientôt placée à la porte de la maison, et me releva ainsi de mon poste. Enfin le maréchal lui-même parut, exténué des fatigues de cette journée et des précédentes, tenant à la main son épée qu'il venait d'employer à sauver sur son chemin plusieurs maisons du pillage. Il avait mis pié à terre à l'hôtel de ville, et deux membres du Sénat l'avaient accompagné de là jusqu'à son logement. Nous le reçûmes tous dans le vestibule, comme un libérateur. „Madame," dit-il à Mme. R.... d'un ton ému et affectueux, en lui présentant la main pour monter, „je ne „viens pas ici pour vous faire du bien, „mais le moins de mal que je pourrai." — Peu après, on lui annonça qu'il était servi. Il nous fit inviter, Mr., Mme R....

et moi, à nous mettre à table avec lui, ce qui eut lieu tous les jours jusqu'à son départ, le 22 du mois. En mon particulier, il me témoigna infinement de bienveillance et de bonté. J'eus assez d'occasions par la suite de connaître toute la noblesse et l'élévation de son ame. Il a fait naître pour lui dans la mienne une vénération et un dévouement qui ne s'y éteindront jamais, quelle que puisse être notre destinée à l'un et à l'autre. Je lui dois quelques-uns des plus beaux momens de ma vie, puisque la confiance dont il m'honora me mit à portée d'être de quelqu'utilité aux opérations de notre armée, de rendre quelques services à cette bonne ville; surtout, elle me fournit les moyens d'épargner à plusieurs Français des actions dont ils auraient peut-être rougi le lendemain. Il permit que je portasse le titre de son *sécrétaire*, et que je fisse valoir son autorité pour arrêter où je pourrais des violences. Certes, ces armes bienfaisantes me furent d'un grand usage. La nuit du 6 au 7, comme plusieurs de celles qui la suivirent, ne m'offrit plus un moment de repos ni de sommeil. Dès qu'il fut connu que le maréchal *Bernadotte* logeait chez Mr. R.... la porte fut assiégée par une foule empressée de femmes en pleurs, d'hommes pâles et en désordre, qui invoquaient du secours. Je suivais au hazard les premiers qui m'entraînaient. Je n'avais ni assez d'oreilles, ni assez de voix pour toutes ces personnes connues et inconnues, qui m'imploraient, qui me tiraient, qui me déchiraient les habits (et le coeur!) pour que j'aille à leur aide. Quelle nuit! La plupart des maisons ouvertes, remplies de flambeaux, de tumulte, d'allans et de venans; quelques-unes fermées, d'où partaient des sons confus, et même le bruit de l'explosion d'armes à feu. Je marchais ainsi au milieu des larmes, des coups qui enfonçaient les portes, des cris de désespoir, des hurlemens féroces, des vitres qui se précipitaient, des meubles qu'on fracassait; au milieu de troupes à cheval et à pié qui se croisaient, des trains d'artillerie et des chariots, sur un pavé couvert d'une boue infecte, délayée de sang, trébuchant dans les cadavres d'hommes et de chevaux dont les rues étaient jonchées, et sur lesquels je tombai une fois, ce qui me remplit d'une horreur inexprimable. Je me relévais, et cherchais à ressaisir mon chapeau parmi tant d'objets de dégoût, quand j'entendis venir du bout de la rue un régiment, qui avançait au son de sa musique. Cette musique militaire, fort brillante, jouait un air vif et gai. Je ne puis vous peindre, Madame, l'impression foudroyante et tout-à-fait inattendue que fit sur moi cette musique. Le contraste déchirant, qui devait monter jusqu'au ciel, de ces accens de joie avec les lugubres éclats de la douleur, sembla se concentrer tout entier dans mon être, et menacer de le dissoudre, comme on voit un verre frémir et se casser au son d'un cor. J'étais immobile, je ne voyais plus. Quand je revins à moi, je sentis mes yeux humides; une de mes mains était engagée dans mes cheveux qu'elle s'efforçait machinalement d'arracher; je n'en pouvais plus, et il me fallut employer toutes mes forces pour ne pas retomber sur ce même pavé d'où je venais de me relever. En cet état, je pleurais abondamment, en m'écriant, sans savoir ce que je disais: „Oh! ils font de la musique! les cruels! ils font de la musique!“ — Ce moment est, je crois, le plus horrible que j'ai éprouvé de ma vie. Vous m'en croirez, Madame, vous qui savez sentir; qui savez quelle est la sévère signification de larmes d'un homme qui ne pleure pas facilement.

D'autres Français, ou établis, ou seulement en passant à Lubeck, surent avec fermeté préserver les maisons de leurs hôtes de périls imminens. Les généraux, leurs aides-de-camp, s'employèrent tant qu'ils purent au même but. Le brave général *Maison*, commandant de la place, et maintenant chef de l'état-major du 1er. corps, sembla se multiplier pour arrêter le mal. Une foule d'officiers particuliers firent des efforts qu'on ne saurait assez louer. Mais ils n'étaient plus maîtres de soldats échauffés, qui se croyaient en effet tout permis dans une ville prise d'assaut, une ville où ils avaient trouvé leur ennemi, et dont ils ignoraient les relations politiques. Plusieurs officiers furent obligés de lacher prise; l'un d'eux fut tué, d'autres furent maltraités, et grièvement blessés. Mr. *de Clary*, capitaine-adjoint à l'état-major du prince de *Ponte-Corvo*, fut atteint à l'épaule gauche d'un coup de feu qui a lui fracassa; et il est encore aujourd'hui fort mal de sa blessure, dans la maison même pour laquelle il a si généreusement exposé sa vie. Un témoignage éclatant doit être rendu au 32me régiment d'infanterie, faisant partie du 1er corps. Non-seulement ses soldats se sont abstenus de piller, mais ils se sont opposés au pillage partout où ils se sont trouvés. Presque toutes les sauve-gardes envoyées aux habitans étaient de ce brave régiment. Les fastes de Lubeck en conserveront le souvenir. Honneur à l'humanité des vaillans soldats du 32me! Honneur à leur digne colonel!

Le lendemain, 7, de très-grand matin, le Grand-duc de *Berg* et le prince de *Ponte-Corvo* montèrent à cheval avec tous leurs généraux, pour aller forcer les Prussiens dans leur dernière position, à deux lieues derrière la ville, au-delà du bourg de Schwartau, appartenant à S. A. S. le duc d'Oldenbourg, ci-devant évêque de Lubeck. A neuf heures et demie, Mr. *de Blucher* envoya aux deux princes un officier parlementaire; peu après il vint lui-même, et la capitulation fut arrêtée et signée au village de Ratkau. Le soin de faire mettre bas les armes aux troupes prussiennes, et de les voir défiler, occupa ensuite les princes, qui ne revinrent en ville que vers trois heures de l'après-midi. La situation des habitans fut encore plus triste ce soir que le précédent, parceque de nouvelles troupes rentrèrent, qui n'avaient point encore pris part au butin; et parcequ'on fit aussi venir dans la ville les vingt mille Prussiens prisonniers, qui mal enfermés dans les églises et leurs cimetières, profitant de la nuit et du désordre général, se répandirent dans les maisons voisines, où ils commirent de très-grands excès.

En général, permettez-moi de vous

faire remarquer, Madame, que ce pillage de Lubeck a été accompagné de circonstances toutes particulières, qui l'ont rendu plus fâcheux et plus ruineux que celui d'aucune autre ville, et dont je vais vous exposer quelques-unes, en les numérotant. Les quatre premières concernent les dispositions de l'armée, les quatre suivantes celles de la ville, et la dernière se rapporte à toutes deux à la fois.

1. Les troupes étaient fatiguées de marches rapides, et d'une campagne très-pénible, faite pendant une saison détestable. Le combat dans Lubeck avait été très-meurtrier. Le soldat avait de l'humeur, et l'a fait sentir.

2. Ce n'est pas à un corps seul de la Grande-Armée que la ville a eu à faire; c'est à trois corps, arrivant en colonnes serrées du Nord, du Midi et de l'Est, non pour passer rapidement, mais pour finir là leur campagne. Quand un seul corps d'armée pénètre de vive force dans une ville, il peut y arriver des désordres; mais ils sont plus faciles à réprimer, ils sont de plus courte durée, parceque ce

corps marche, et se met à la poursuite de son ennemi. C'est un orage qui en passant lance la foudre, puis s'envole vers quelqu'autre point. Mais quand trois orages sont poussés vers le même point, qu'ils s'y heurtent et y crèvent à la fois, il se forme un ouragan, une trombe dont les tourbillons redoutables obstruent, désolent et ravagent tout.

3. De ce qu'il y avait trois corps indépendans l'un de l'autre, il en résultait un triple commandement, qui devait amener une sorte d'anarchie. Or jugez, Madame, quels effets peut avoir l'anarchie de cinquante mille soldats armés, qui se croyent en pays conquis, et sont dans cette funeste persuasion que la ville conquise leur appartient?

4. Ajoutez y les vingt mille Prussiens, qui se regardaient comme aussi étrangers à Lubeck que les Français. Il se trouvait donc dans cette malheureuse ville bien plus que le double en soldats de tous ses habitans, femmes, enfans, vieillards, y compris!

5. Du côté de la ville, tout était dis-

posé malheureusement. Comme la surprise avait été soudaine, et qu'on n'était nullement préparé à un tel événement, il ne se trouva rien de préparé convenablement; point de magazins de fourrages, point de pain chez les boulangers, point de logemens prêts pour les hommes et les chevaux. Nulle expérience d'ailleurs de pareilles affaires, et la terreur qui empêchait qui que ce fut de prendre un parti.

6. On se trouvait au tems de l'année où chaque ménage a déjà rassemblé ses provisions d'hyver, tant en comestibles, qu'en combustibles et en autres denrées. Tout cela fut, même chez les plus pauvres, consommé, gaspillé en moins de huit jours.

7. Les premiers jours de novembre sont une époque de payemens annuels, pour les rentes, les loyers, les fonds qu'on change de destination, une foule de redevances. Chacun avait donc en sacs ou en rouleaux les sommes qu'il allait payer, ou celles qu'il venait de recevoir. Tout fut enlévé à la fois.

8. Ce qui rendit le butin encore plus immense, c'est que grand nombre d'ha-

bitans, qui d'abord ne furent frappés de l'idée d'aucun autre danger que de celui d'une incendie, prirent leurs bijoux sur eux, ou les entassèrent dans des cassettes avec leur argenterie; plusieurs même se tinrent à leur porte avec tous ces objets de prix, pour mieux se sauver au cas de feu. Les marodeurs en firent une raffle complette. On vit, peu de jours après, dans une petite ville du Hanovre, à dix lieues d'ici, un soldat offrir pour trois louis aux passans un trés-beau collier de brillans. Il est telle maison où il a été pris de la sorte 50,000 francs en argent comptant, d'autres qui ont perdu pour une somme presqu'aussi considérable de bijoux.

9. Le principal commerce de Lubeck est celui des vins et des eaux-de-vie de France. Comme on y a ces liqueurs en quantité et de bonne qualité, les habitans effrayés ne crurent pouvoir mieux faire pour appaiser les soldats, que de leur donner largement à boire. Ce remède accrût le mal. Les soldats yvres pendant tous ces premiers jours, ne se portèrent qu'à plus de violences. — La différence

des langues, et l'impossibilité de s'entendre fut aussi une source de funestes méprises.

Dès la veille j'avais été invité à me rendre au Sénat. Je ne pus y aller que ce jour, de grand matin. Presque tous les hommes estimables qui le composent sont en particulier de mes amis. Ils connaissaient mon attachement sincère à leur ville, et ma bonne volonté. Je savais mieux qu'eux l'organisation d'une armée, et la manière de traiter avec des militaires. La langue d'ailleurs les embarassait dans les communications verbales qui avaient lieu sans cesse. J'étais animé du plus pur desir de leur être utile, de leur payer la dette d'une longue hospitalité, et de les tirer, autant qu'il était en moi, de l'embarras où je les voyais. Passager dans le navire au moment de la tempête, je crus devoir saisir la rame et la manoeuvre pour aider à l'equipage. Je passai donc dès-lors une bonne partie de mon tems à l'hôtel du Sénat. Sans entrer à cet égard dans de longs details il suffit de dire, que la nature des choses et les bontés du prince *Bernadotte* m'y rendirent fréquemment l'intermédiaire entre lui et le Sénat; que j'y donnai quelques conseils dont l'exécution, je pense, a été salutaire; d'autres qu'on a, peut-être, eu raison de rejeter; et d'autres qu'on aurait, peut-être, mieux fait de suivre. — Mais que vis-je en arrivant dans cette assemblée des pères de leur patrie, dont quelques-uns sont de vénérables vieillards, et tous des magistrats recommandables; dont le corps enfin forme un gouvernement reconnu dans l'Europe, traité avec faveur par notre auguste Empereur, qui leur écrit, qui reçoit leurs envoyés, qui a un ministre accrédité près d'eux; qui par conséquent méritaient des égards et de la déférence? — J'y vis jusqu'au sein de leur lieu d'assemblée, sur leurs sièges, dans leurs rangs, une foule impétueuse de gens de tout état, jusqu'à des valets, des voituriers, des goujats de l'armée, formant en tumulte des demandes arrogantes. J'y vis, par exemple, un cuisinier dire avec insulte à l'un des consuls, ou bourguemestres, qu'il lui fallait sur le champ *trente douzaines d'huitres fraîches* pour son maître! J'avoue que je fus indigné et affligé de ce spectacle ; j'en fis mes plaintes au prince, qui y envoya un officier - supérieur, avec l'ordre d'y faire respecter le Sénat.

Sa position cependant restait excessivement pénible. Les besoins de trois grands corps d'armée, sans compter l'armée vaincue et prisonnière, sans compter dix hôpitaux qu'il fallut établir sur le champ pour les blessés et les malades des deux partis, étaient immenses. Les réquisitions se succédaient coup - sur - coup, et l'on exigeait, avec la promptitude française, que le Sénat y satisfît sans délai. Or les moyens du Sénat dans ces premiers instans étaient à peu près nuls, et il se trouvait paralysé dans toutes ses opérations. Ses agens, ses employés, ses messagers, ses soldats, étaient la plupart en fuite, ou dans leurs maisons qu'on pillait, ou cachés, ou même morts ; à l'exception d'un petit nombre, et entre - autres du corps des officiers lubequois, qui se conduisit avec dévouement, ayant à sa tête Mr. le major *Kaufmann*, homme distingué, et parlant bien le français. S'il fallait du pain? les maisons des boulangers étaient dans la confusion; du fourrage? il n'y en avait plus un brin dans la ville, ni la banlieue; du vin? les soldats, qui pénétraient dans les meilleures caves, s'amusaient à en laisser couler les pièces; des chevaux? ou ils avaient déjà été dérobés à leurs propriétaires, ou on les enlévait au milieu de la rue à celui qui les menait au lieu réquis. Il en était de même de tout. Hommes, denrées, ustenciles, rien n'était disponible, rien n'était à sa place. Cependant, les demandes étaient impératives, pressantes, multipliées d'une manière effrayante. Le détail des logemens était accablant. Au travers de tout cela, le Sénat, revêtu des doubles fonctions de municipalité et de régence, avait à délibérer sur des objets importans de salut public, sur une députation à envoyer vers l'EMPEREUR, sur le grandes mesures commerciales, sur les vivres. . . . . Il y avait bien là de quoi perdre la tête: aussi y en eut-il plus d'une perdue.

Quant aux vivres et aux fourrages, on

en aurait manqué absolument dans ces permiers jours, si le Prince royal de Danemark n'eut pris compassion de l'état deplorable de la ville. Il voulut bien accorder à une deputation qui lui fut envoyée à Kiel la permission de tirer des vivres et des fourrages du Holstein, qui n'en avoit pas en trop grande abondance. Cette genereuse condescendance du Prince sauva la ville pour l'instant; car les deux autres pays limitrophes, le Hanovre et le Meklembourg, etoient epuisés; et le petit territoire de Lubeck étoit déjà ravagé et saigné à blanc jusqu'à Travemunde. Tout ce que j'ai dit, Madame, du pillage de la ville s'est répété et pis encore dans les trente ou quarante villages qui en dependent. Le dénuement et la misère y sont au comble.

Nous en sommes à la soirée du vendredi 7, dont la mémoire surtout m'est en exécration. La confusion était aussi grande que la veille dans les rues, par les troupes et les prisonniers, qui, comme je l'ai déjà dit, rentraient dans la ville; la désolation était plus grande dans les maisons, qu'on recommençait à devaster. Je reconnaissais à peine les gens qui s'offraient à moi. Hommes et femmes ressemblaient à des spectres. Quelques amis que j'allai voir, n'avaient plus ni linge, ni habits, ni subsistances, plus un meuble entier, plus un carreau à une fenêtre. Mr. le Syndic *Curtius*, qui dans ces jours de trouble et de dangers déploya une énergie calme et le devouement du vrai patriotisme, rentrant avec moi chez lui, trouva sa maison bouleversée, comme si elle eut subi un tremblement de terre. Son cabinet offrait l'image du chaos. Des armoires, des secretaires, rayons, tablettes brisés et renversés; ses livres, ses papiers épars et dechirés, couvrant le plancher et portant la sale empreinte des piés qui les avaient foulés; papiers qui presque tous appartenaient à son ministère public. Tout ce qui avait quelque prix, jusqu'à un vieux cachet de famille était enlevé. Les mêmes scènes s'étaient repetées chez bien d'autres. Ici on avait dépouillé l'un *au nom de* l'EMPEREUR. (Oui, Madame. Le diriez-vouz? Ce nom respecté, qui doit apporter partout la consolation et les bienfaits, a été témérairement employé à sanctionner la rapine.) — „Au nom de l'EMPEREUR ! donne-moi „ta bourse, — ta montre, — tes chemi„ses, — ta femme!" — Cette profanation est révoltante. — *Tout ton argent, ou je te tue!* était la formule ordinaire, appuyée d'un fusil, d'un sabre, ou du bout d'un pistolet. Bien des infortunés furent égorgés pour ne pas obéir assez vite; des hommes vénérables par leur âge, leurs moeurs, leur état, des ministres de la religion, frappés, souffletés, blessés, foulés aux piés, traînés la corde au cou, suspendus et presqu'étranglés dans leur vestibule; si l'on ne se fut hâté de les délivrer. Un vieillard, riche marchand de vin, Mr. *Grell*, saisi au corps dans sa demeure par ces furieux, donna d'abord tout ce qu'il avait sur lui. Trouvant sans doute que c'était trop peu, ils se mirent à le fouiller, et crurent sentir autour de ses reins une ceinture remplie d'or; ils écartent ses vêtemens; au lieu de ceinture, ils decouvrent le bandage d'une hernie qu'avait le malheureux. Irrité de la méprise, l'un d'eux plonge son sabre dans les entrailles du vieillard, qui tombe mort aux yeux des siens. — Partout où j'allais, j'entendais faire le récit de scènes pareilles. Quelquefois, on jetait à la porte les propriétaires des maisons, afin de s'y renfermer, et de procéder plus à l'aise à la spoliation. Une femme enceinte, traitée de la sorte, accoucha au milieu de la rue. On n'entendait qui gémissemens mêlés à des cris et à des juremens. — Mon chapeau cependant me faisait respecter partout; le hazard veut q'uil ait la même forme que celui que porte d'ordinaire l'Empereur; et comme j'ai aussi les cheveux courts et sans poudre j'ouïs plusieurs fois en passant dire: „Vois donc comme „ce . . . . là ressemble à l'Empereur!“ — Une fois, je passais devant un soldat qui semblait avoir bû, et qui sortait de la porte d'une pauvre maison. Il était hors de lui, brandissait son sabre nû, en s'écriant: „Mon coquin d'burgeois n'veut „pas m'donner du vin et du rôti. Je lui „fourrerai mon sabre dans l'ventre!“ —

„Tu as raison, camarade,“ lui dis-je en m'arrêtant court devant lui; „tues-le! „c'est le vrai moyen d'avoir à boire et à „manger: tu boiras son sang, tu mange- „ras sa chair; on dit que la chair d'hom- „me est excellente.“ — Cet homme, qui m'avait regardé fixement, m'écoutant avec le calme chancelant d'un yvrogne, comme si je lui eusse parlé sérieusement, remit son sabre dans le fourreau, et répliqua en faisant une pirouette: „Eh! „sacr . . . . ., je ne dis pas cela, moi!“ —

Au travers de tant d'incidens cruels et tragiques, il y en eut d'extravagans et de grotesques. Un vieil avocat célibataire, homme grand et décharné, soit qu'on lui eut enlevé tout ses habits, soit qu'il se crut plus assuré sous ce déguisement, revêtit l'habillement et la coëffe de sa servante, comme le Blepyrus d'Aristophane, et arriva en cet équipage, rempli d'effroi, à l'hôtel du Sénat, au milieu du-quel il se précipita, en jetant les hauts cris, et où on fut long-tems à le reconnaître. — Un autre homme agé fut lié par des dragons à la queue d'un cheval, pour leur servir de guide jusqu'à Travemunde, par une nuit et un tems effroyables. Une femme de la classe moyenne seule dans la maison avec sa fille renversa dans son vestibule quelques meubles, y jeta cà et là quelques vieilles hardes, défit sa coëffe, affecta de pleurer, de se désoler, en se roulant par terre; et en cet état, la porte ouverte, elle attendit les marodeurs, qui tous passèrent leur chemin, s'imaginant que d'autres y avaient déjà mis bon ordre. J'ai vû des chasseurs et des hussards courir les rues avec des pelisses de femmes en satin et en velours, avec de grands schâles, des fleurs et des plumes à leurs bonnets, des colliers de perles au cou. Un homme de l'infanterie légère avait pris à un ministre luthérien sa large soutane d'église en camelot noir, qu'il avait passée sur son habit en guise de capote, ayant remis par dessus son baudrier et sa giberne. — Le pasteur de l'église de Ste. Marie, Mr. *de Houde*, avait été dépouillé de presque tout son avoir par diverses troupes de vingt et de trente marodeurs. Deux soldats passèrent la nuit dans sa maison, et sans annoncer de projets hostiles. Seulement, ils furent d'une grande exigeance pour leur souper et leur lit. Le lendemain matin, paraissant fort satisfaits, et déjà chargés de provisions, au moment de partir, ils déclarèrent à leur hôte, qu'il leur fallait son argent et tout ce qu'il possédait de précieux. Comme ils menaçaient de voies de fait, Mr. *de Houde* se résolut à leur donner le peu qu'il avait pû sauver la veille. Mais non contens de ce qu'il offrait, ces deux hommes lui ordonnèrent de vider ses poches. Il en tira à regret une petite boète ronde en argent, à la vue de laquelle tous deux s'écrièrent avec joie: „Ah! c'est ici le coffret aux ducats!" — „Non," repartit le pasteur, „c'est une boète qui appartient „à mon église, et dans laquelle je porte „la communion aux malades." En disant ces mots, il l'ouvrit, et montra les hosties qui y étaient renfermées. A cette vue, les deux soldats effrayés lui demandent pardon, s'agenouillent, se prosternent, et sollicitent de lui la permission de baiser la boète. Enfin ils le quittent, en le comblant d'excuses, mais sans lui rien rendre. Prodigieux mêlange, Madame, d'immoralité et de superstition! car on ne peut appeler du nom de religion une idolatrie aussi grossière, et qui influe aussi peu sur le coeur.

Je ne sais comment la ville ne brûla pas aux quatre coins, et ne fut pas réduite en cendres durant ces jours et ces nuits de désordre et de licence. Dans plusieurs maisons où j'entrai, je vis dans les greniers à foin, dans les écuries, des cavaliers, des charretiers, des valets aller et venir avec de courtes chandelles qu'ils posaient sans nulle précaution; avec des bouchons de paille allumée. La même chose dans les chambres et les vestibules remplis d'une épaisse litière pour des hommes ou pour des chevaux. Car je rencontrai des chevaux dans des sallons au rez-de-chaussée, souillant de précieux tapis, et ayant leur mengeoire sur une table de marbre, vis-à-vis d'une glace. Le feu prit, il est vrai, en plusieurs endroits. Mais il s'éteignit comme par miracle. Cet accident arriva dans l'une des maisons de Mr. le bourguemestre *Rodde*, et n'eut pas de suites. J'ai vu, il n'y a pas long-tems, une poûtre qui avait brulé et s'était consumée dans toute sa longueur, sans mettre le feu au reste du bâtiment. En vérité une Providence particulière a favorisé sur ce point la pauvre ville. Son malheur eût été au comble si l'incendie eût gagné; personne n'aurait songé à l'éteindre.

Mais une calamité plus affligeante que l'incendie, que la spoliation, que la mort même, parcequ'elle est une violation des droits les plus sacrés, une profanation de ce qu'il y a de plus saint, de plus doux et de plus pur dans la vie, une violence inique faite à la liberté et à la volonté individuelle, un mépris féroce de l'humanité toute entière, ce sont les outrages faits à un sexe faible par la brutalité qui ne connait plus de frein. Des misérables couverts de sang profitent des angoisses de la terreur, pour empoissonner de leurs horribles voluptés d'infortunées victimes, des femmes à demi-mortes. La plupart ne survivront pas long-tems à leur flétrissure; et les malheureuses familles, les époux, les mères, les amans en conservent à jamais dans leur ame un ressentiment rongeur qui les tue. L'on a enterré, la semaine dernière, une jeune créature de dix-huit ans, belle, pieuse, modeste, bonne, auparavant l'amour et la joie de ses parens, de tout son quartier. La femme d'un ouvrier, mariée de l'avant-veille, a été moins malheureuse, parcequ'elle a moins vécu. Livrée à vingt-deux des ces hommes dénaturés, ils s'apperçurent enfin qu'elle avait cessé d'exister; elle n'était qu'agonissante. La maison, que j'ai vue, est située près d'un étang qui est dans l'enceinte du rempart: ils y lancèrent cette infortunée le plus loin qu'ils purent; mais à cause des eaux basses, elle resta parmi les roseaux dans la fange du rivage, où elle expira au bout de quelques heures. On m'a dit qu'une femme, poursuivie par des soldats, s'était dans son égarement précipitée, pour leur échapper, du haut d'un pont avec son enfant qu'elle tenait dans ses bras. Elle fut retirée vivante de l'eau; mais son enfant était noyé. L'inconsolable mère se croit coupable d'un infanticide, et en a l'esprit aliéné. A ce propos, voici une bien étrange aventure: des soldats du 4me corps, ayant enfoncé la maison des foux, située hors de la ville, portèrent ce genre de fureur, jusqu'à abuser des femmes en démence renfermées dans cet hospice. Il en est resté à deux de ces infortunées des traces horribles, qu'elles ont le triste bonheur de ne pas connaître distinctement. Ce fait est, sans doute, unique dans l'histoire des guerres et des barbaries sociales. Pendant la matinée du 7, j'avais été frappé d'une apparition qui m'a laissé une impression profonde. Je passais rapidement sur le cimetière de Ste. Marie, tout près du Sénat. Une malheureuse fille s'offre à ma vue. Elle me sembla avoir 24 ou 25 ans; blonde et assez grande. Elle était échevelée d'une manière effrayante; son visage livide avait perdu toute expression; ses yeux ne voyaient plus, ne pleuraient plus; mais la trace de deux ruisseaux de larmes desséchées reluisait sur ses joues. Son mouchoir indécemment écarté, sans qu'elle le sut, laissait voir son sein rouge, meurtri, égratigné.

Deux vieilles femmes en larmes la soutenaient sous les bras et la faisaient avancer, car elle ne marchait plus. Je n'osai leur parler. Qu'aurais-je pu apprendre? — je vois encore cette infortunée: jamais cette image ne s'affaiblira dans mon souvenir. Il s'est passée des horreurs d'un libertinage si féroce, que je n'ose, Madame, vous les faire seulement soupçonner, et qui rappèlent les pages d'un livre trop fameux, la honte de notre langue. Des médecins de mes amis m'en ont rapporté les cruelles suites. On parle aussi de quelques grossesses, qu'on redoute à l'égal du dernier suplice. Une foule de jeunes personnes du sexe ont passé ces trois fatales journées cachées dans des caves reculées, ou sur les toitures de leurs demeures. Au reste, à l'exception de quelques malheurs trop éclatans, vous pouvez bien penser, Madame, que c'est de ceux de cette nature que le public est le moins instruit, et qu'on s'efforce à tenir renfermés dans le sein des familles ces douloureux mystères.

La légéreté de notre nation accueille quelquefois d'un rire peu décent et peu humain, le récit de pareilles infortunes. J'en ai été moi-même témoin dix fois tout récemment, et à l'occasion de celles du tableau desquelles j'afflige votre ame en cet instant, Madame. Il y a dans les pitoyables sarcasmes qu'on se permet à cet égard, une irréflexion et une indignité avilissantes pour l'espèce humaine. Ce rire est le rire de l'enfer, et je ne conçois rien de plus moralement hideux. Il n'est que trop vrai, Madame, que toutes les créatures humaines ne méritent pas à un même degré le respect et les égards. Il en est dont toutes les facultés sont si brutes et si peu développées, qu'elles semblent en apparence s'élever à peine au-dessus de la condition des animaux; leur sens moral paraît engourdi, leur existence est bornée, leur réflexion nulle, leurs sentimens confus et peu élevés, leur tête vide d'idées. Que dans les conditions les plus abjectes de la société, dans les cabarets de la campagne de telles insultes atteignent de telles infortunées; c'est un mal, sans doute, un crime pour qui l'a commis; mais celles qui ont à s'en plaindre y seront moins sensibles; elles l'oublieront, peut-être. Dans les villes mêmes, en descendant encore plus bas, et jusqu'au dernier échelon de l'avilissement féminin, sans doute qu'il se trouvera des êtres qui ne verront d'autre injustice dans un tel outrage, que le refus du prix qu'elles se croyent dû. — Mais remontons, Madame, aux étages où nous trouvons l'humanité embellie par une religion éclairée, par la délicatesse des sentimens, par un sens exquis du juste et de l'injuste, du beau et de l'honnête, par un amour vif de ses devoirs, de sa famille, de ses proches, enfin par des vertus, et des talens. Un tel développement de la vie intérieure, Madame, est le seul moyen qui élève notre espèce à toute sa dignité, et qui complète l'ouvrage du Créateur; c'est là ce qu'il nous a donné la puissance d'ajouter à ses oeuvres. Ah! Madame, c'est une créature si noble que l'homme parvenu à ce degré de culture intellectuelle et morale! c'est la plus magnifique et la plus tendre des fleurs dans le jardin de la création. Ce qu'il y a de divin dans cette créature a surmonté l'enveloppe épaisse et terrestre, l'écorce où il restait ignoré; ce principe divin s'est épanoui, et son éfflorescence a remis tout l'être en contact avec la lumière immortelle, l'a élévé vers Dieu, qui reconnait enfin quelques traits de son image. — Et c'est alors qu'un outrage sacrilège vient souiller tant de pureté! que cette noble fleur tombe sous la flétrissure d'un souffle infernal, et devient la honteuse proie de tout ce qu'il y a de plus vil au monde! — L'atrocité d'un tel forfait, Madame, a été sentie par tous les peuples; tous ont compris que rien ne rendait le vainqueur plus odieux; tous l'ont détesté et puni. Pourquoi ne l'est-il pas parmi nous, nous qui prétendons honnorer le dix neuvième siècle par notre civilisation? Le *Deutéronome* veut qu'on respecte ses prisonnières de guerre; que si l'une d'elles plait à son maître, après lui avoir accordé un mois pour pleurer ses parens et sa patrie, elle devienne sa légitime épouse, sans pouvoir être vendue ensuite. — *Alexandre*, non-seulement s'est soumis à cette loi de décence éternelle sans la connaître, mais la mort frappait les Macédoniens de son armée qui se laissaient emporter à de tels excès; il écrivit à un de ses lieutenans une lettre que nous à conservée *Plutarque*, pour faire infliger à deux coupables la peine capitale, „comme à des bêtes féro- „ces (dit le héros) nées pour être le fléau „de l'humanité.“ — Les Sicyoniens maîtres de Pellène, n'ayant point épargné la pudeur des femmes, *Elien*, qui rapporte ce fait, s'écrie: „Quelle brutalité! ô dieux „de la Grèce! Les barbares même, autant „que je le sache, n'approuvent point de „pareilles violences.“ — La sévérité des lois de Rome sur ce point est assez connue; et *Scipion* doit une partie de sa belle renommée au soin qu'il prit de les maintenir. „Il est de mon devoir, et de l'in- „térêt de Rome (lui fait dire *Tite-Live*) „que ce qui est tenu partout pour sacré, „ne soit point violé par nous.“ — Et ces ménagemens, Madame, regardaient des ennemis! et je viens de vous peindre faiblement comment on a traité une ville neutre, honnorée de la bienveillance de l'EMPEREUR! une ville peuplée d'hommes libres, de citoyens qui comptent pour quelque-chose leur indépendance civile (ce trésor qui leur a coûté tant de sacrifices et d'efforts) et les vertus sur qui elle repose; une république fondée depuis tant de siècles, qui a contribué à civiliser le Nord, et à former par son commerce une alliance, un échange de jouissances et de besoins entre toutes les nations! — Je n'ajouterai à cela aucune réflexion, Madame. Mais l'ame bourrelée et navrée de tout ce que je voyais, jugez de ce que moi, Français, à qui l'honneur français est précieux, qui aime les hommes en général, qui aime et qui vénère beaucoup l'Allemagne, je devais souffrir d'afflictions et d'humiliations diverses; de quelle indignation profonde je devais être saisi! Moi, qui voudrais que la gloire de ma patrie fut si pure; qui voudrais voir tous nos contemporains bénir ses victoires, et être assuré que la postérité en fera de même! Depuis 1793 rien d'aussi odieux n'était venu affliger mon ame ni mes yeux. — Ah, pourquoi ces tableaux déchirans ne sont-ils pas présentés aux chefs des nations policées, chaque fois qu'ils s'apprêtent à ébranler la terre, à en bannir la paix? pourquoi ne sont-ils pas pénétrés du sens de ce vers *d'Horace?*

Quidquid delirant Reges, plectuntur Achivi.
„Le délire des rois est payé par les peuples."

Il est payé en effet, non-seulement par leur sang et leurs larmes, mais encore, ce qui pis est, par leur démoralisation. Ce dernier aspect est infiniment triste. Que toute la fleur d'une nation, que sa vigoureuse jeunesse, la génération qui s'élève, celle où réside la vie et la force du corps social, soit arrachée à toute culture des arts de la paix, pour s'habituer à l'activité farouche des armes, pour s'imprégner de telles maximes: *que tout appartient au plus fort; que la victoire donne un droit sur toutes les propriétés!* — Voilà, Madame, de ces fatales semences qui remplissent pour long-tems de ronces le champ où la société s'efforce de faire naître de bons fruits. J'ai causé avec quantité de nos soldats, avec de jeunes-gens bons et honnêtes d'ailleurs, mais tous convaincus que la ville de Lubeck était à eux, avec tout ce qu'elle renferme; et qu'on leur devait tenir compte, comme d'une clémence signalée, de ne l'avoir pas brûlée et ravagée en entier; ne comprenant pas comment les habitans pouvaient se plaindre, le soldat ayant usé si modérément de ses droits? — O pauvre raison humaine! tu planes à la surface de la terre, entre l'enfer et le ciel. Quand les puissances inférieures s'agitent et t'outragent ainsi, enveloppe-toi d'un voile de deuil, et retournes d'où tu viens, jusqu'à ce que les passions appaisées s'humilient derechef devant toi. N'as-tu pas déjà assez d'ennemis dans les fanatiques, les hypocrites et leurs folliculaires? faut-il que des hommes destinés à une vie héroïque en elle-même, que des amans de la gloire, t'adressent aussi de sensibles coups? — Pardonnez, Madame, cette longue digression, et cet épanchement chagrin. Mais enfin l'on ne peut renoncer à soi-même. J'ai beau me vouloir faire historien, le raisonneur perce à chaque instant. C'est un défaut qu'on m'a déjà assez reproché, et dont je ne me déferai jamais. Je reprends mon récit.

Revenu de ma course nocturne au milieu de la désolation, et sentant que le sommeil ne pouvait approcher de mes yeux, je me mis à écrire de grand matin au respectable prince de *Ponte-Corvo* la lettre que je vais transcrire ici:

„Monseigneur, qu'il soit permis à un Français que V. A. S. a daigné accueillir avec estime et bonté, d'élever sa voix vers vous pour vous supplier de mettre un terme aux malheurs d'une ville amie de la France, remplie jusqu'à ce jour de véritable civisme, de religion et de bonnes moeurs; dont la paisible industrie est nécessaire à toutes les nations, à la nôtre surtout, dont elle vivifie le commerce dans le Nord; et qui a si peu mérité l'épouvantable sort qui vient de la frapper."

„Monseigneur, les soins importans qui vous accablent n'ont peut-être pas permis à tous les humbles détails de la vérité de parvenir jusqu'à vous. . . . . Le coeur de V. A. est ouvert à tous les sentimens tendres et compatissans. Qu'elle jete donc ses regards sur ce qui se passe depuis ces deux horribles journées dans la ville de Lubeck et sur son territoire. Toutes les plus chères propriétés des choses, des personnes et de l'honneur y ont été, y sont encore violées. On a égorgé des vieillards, des femmes, des enfans; on a insulté les magistrats; on a arraché leurs habits, leur argent aux citoyens qu'on a laissé vivre; . . . . des époux, le pistolet sur la poitrine, ont vu leurs femmes livrées à l'emportement du soldat; de jeunes vierges, l'espoir des familles, élévées dans la décence et l'honneur, ont été, dans les angoisses de la mort, souillées par des monstres à elles inconnus, qui les ont condamnées à une amertume qu'elles porteront dans une tombe anticipée. Je ne puis vous peindre, Monseigneur, le désordre de certains quartiers de la ville, des rues éloignées de vos regards, de ceux des dignes chefs de l'armée..... Quelle sera la douleur de V. A. quand elle en apprendra l'entière horreur? Quelle sera celle de l'EMPEREUR, qui voulait que ses armes victorieuses protégeassent des cités amies et devouées?"

„Je me jete donc aux piés de V. A. S. pour la supplier, non pas de réparer des maux irréparables, mais de prévenir ceux qui peuvent encore arriver, que chaque minute voit naître. Je n'ai pas la présomption de vouloir éclairer votre sagesse; mais je pense qu'une proclamation solemnelle faite au nom des trois maréchaux, dans laquelle on dirait au soldat: *que l'ennemi étant entièrement défait, la paix étant de retour sur ce territoire ami de la France, tout excès y doit cesser sur le champ*, produirait un bon effet. — Que la terreur s'éloigne du moins pour l'avenir; que l'honneur du nom français reparaisse avec l'ordre; et que tant d'infortunés puissent désormais porter paisiblement le fardeau du malheur qui vient de les accabler, durant deux des plus affreuses journées qu'ait à citer l'histoire des tems modernes."

„Je suis . . . ."

Mme. R. . . ., aussi touchée que moi de tout ce qui se passait, se chargea de présenter cette lettre au maréchal. Elle la lui remit, les yeux gros de pleurs, dès qu'il fut visible, et y ajouta ses prières les plus instantes. Il ignorait en effet ces désordres, et laissa voir à Mme. R. . . . combien il en était affecté et révolté. Le résultat de cette démarche fut un *ordre du jour* fort-sévère pour le 1er. corps, et qui fut d'un effet salutaire. Les dispositions disciplinaires de cet ordre ne furent connues que de l'armée du prince; mais il en fut extrait l'article troisième, qui fut imprimé et affiché partout. Il était ainsi conçu:

„*Les habitans de* Lubeck *et de son ter-*
„*ritoire sont mis sous la sauve-garde de*
„S. M. l'Empereur et Roi; *tout soldat*

„qui porte atteinte à leur tranquillité est „criminel.“

„Le maréchal, prince de Ponte-Corvo, *„rappelle aux troupes du Ier. corps, que „la ville de* Lubek, *quoique prise de vive-„force, ne doit pas être considérée comme „une ville ennemie, et que le soldat fran-„çais, bien-loin de se conduire en vain-„queur farouche, doit être sensible et „humain après la victoire.“*

Ceci se passait le samedi 8, au matin. J'allai vers midi présenter mes hommages à S. A. J. le Grand-Duc de *Berg*. Le Prince me reçut avec cette grace parfaite et cette affabilité, que vous lui connaissez Madame. Ce favorable accueil m'enhardit à lui parler avec franchise. „Nous autres „gens de l'Institut, lui dis-je, nous nous „croyons appelés à être les prêtres de la „verité et à la faire parvenir jusqu'aux „Princes.“ Je lui peignis la-dessus en peu de mots le malheur général et le suppliai d'y mettre un terme. Le Prince me témoigna la plus grande sensibilité sur ce qu'il entendait ; m'assura que ces rigueurs, suites inévitables de la guerre, lui étaient odieuses, et qu'il allait interposer son autorité pour les faire cesser. Je pris congé de lui, après qu'il eut daigné m'inviter à retourner le voir à Paris. De là j'allai faire ma visite à Mr. le maréchal *Soult*, qui était absent et que je ne pus joindre pendant le court séjour qu'il fit ici.

Cette journée du samedi, et la nuit d'ensuite, ne furent guères moins orageuses et moins affligeantes que les deux qui les avaient précédées. Je ne vous fatiguerai plus, Madame, du récit de tant de misères et d'attentats particuliers. Des troupes de prisonniers, des corps qui avaient passé au bivouac les journées du 6 et du 7, entraient dans la ville, en accroissaient la plénitude et la confusion, se dispersaient, et glanaient encore chez les habitans déjà dépouillés. Les chefs ne purent parvenir à rétablir un peu d'ordre, que le dimanche, 9 de novembre, qui fut encore néanmoins, ainsi que bien des jours suivans, témoin de plus d'un acte de violence, surtout au moment du départ de differens corps. Les nouvelles que commençaient à apporter les gens de la campagne, qui se risquaient dans la ville, fendaient le coeur; et les mauvais traitemens que ces pauvres gens essuyaient des troupes légères et de la cavalerie cantonnées chez eux, étaient pires, peut-être, que les désordres de la ville, où du moins l'on avait encore la possibilité d'obtenir du secours et de la protection. Plusieurs pasteurs de la campagne eurent surtout horriblement à souffrir. Leur argent, leur mobilier, leurs provisions, leurs femmes, leurs filles, rien ne fut épargné, sans compter les coups et les insultes personelles. La même chose eut lieu dans les maisons de jardiniers, et de blanchisseurs, qui forment près des portes de la ville comme des sortes de faubourgs. On emporta de chez les derniers le linge qu'on y trouva en dépôt, et plusieurs maisons de la ville perdirent presque tout le leur de cette manière.

Toutes ces pertes réelles cependant, Madame, sont bien loin de monter à la somme exhorbitante qu'ont coûtée ensuite à la ville les réquisitions énormes et de toute espèce, pour l'entretien, la nourriture, l'habillement, le transport des troupes et des munitions, la table des généraux, officiers, commissaires, etc., le défrayement de dix hôpitaux qu'il fallut monter sur le champ, où les blessés et malades ont été traités avec le plus tendre soin; mais qui par eux-mêmes, et par le gaspillage qui y a lieu, ont coûté, et coûtent encore tous les jours prodigieusement; sans compter le grand nombre d'officiers blessés, tant Français que Prussiens, répartis chez les habitans. J'estime sûrement trop bas la masse du dommage qu'a supporté jusqu'ici la ville avec son petit territoire, en l'évaluant, d'après les renseignemens qui ont pu me parvenir, à une somme de *douze millions* de francs, ce qui en a épuisé le numéraire. — Ajoutez-y, Madame, la baisse du crédit, les fonds étrangers qui ne rentrent plus, le commerce en stagnation, les deux villes-soeurs de Hambourg et de Brême qui, étant occupees aussi, sont hors d'état de continuer des secours qu'elles avaient commencé généreusement à fournir, la classe ouvrière dans l'indigence, celle qui ne vit que de l'activité du commerce sans ressource et sans pain, les pauvres sans asile, puisqu'il fallut en une heure évacuer les hôpitaux de la ville, jeter dans la rue, entasser dans des greniers les infirmes, les malades, les mourans: voilà l'abyme où est plongée cette ville, n'aguères paisible et florissante.

Pour comble de maux, le prince *Bernadotte*, considérant cette calamité, avait fait livrer à la ville deux navires prussiens chargés de farines, pour servir à la consommation de l'armée. A peine à-t-il été parti qu'on a repris sans ménagement ces deux navires. Assurement cet ordre peu humain n'est venu ni de l'Empereur, ni du prince.

Je vous ai dit, Madame, quels redoutables maux ont frappé ce peuple doux et grave, qui en gardera un long et amer souvenir, peut-être durant une longue suite de générations. Plus de cent personnes jusqu'ici descendues dans la tombe, de tout âge et de tout sexe, tant celles qui ont péri sur la place, que des suites des coups portés, ou des outrages, des violences. — Cela peut passer pour une ville décimée! — D'autres dont la raison est égarée; d'autres dont la santé est irréparablement perdue, et qui succomberont tôt ou tard. — „*Mort de ce qu'il a éprouvé le 6 novembre*," nous disent encore fréquemment les longues listes funéraires des *affiches* de la ville. Il en mourra encore de la même cause dans dix années d'ici. La terreur a altéré la plupart des organisations, et y a laissé un germe destructif. La tendre vie des épouses, des mères, des enfans a été attaquée dans son principe. Peu de familles qui n'aient à pleurer, ou à redouter une perte. Tous les coeurs faits pour sentir sont oppressés. Le mien est empoisonné de mélancolie.

Ah! notre auguste chef ignore ces détails douloureux: s'il les savait, il ordonnerait une réparation, un dédomagement; il ordonnerait avant tout, qu'on ménageat desormais cette malheureuse cité. *) Ç'a été un sentiment presqu'unanime en Allemagne et en France, que l'Empereur ferait quelque-chose pour indemniser Lubeck d'un malheur si peu mérité. Que ne peut-on pas attendre en effet de la main puissante, qui du milieu des décombres dont était

*) Mr. *Daru*, intendant général de la Grande-armée, qui réunit à ses dignités politiques tant de titres littéraires, a assuré l'auteur de cette lettre avec la sensibilité généreuse qui le distingue, que Lubeck serait epargné à l'avenir dans les réquisitions qu'exigent les besoins de la Grande-armée.

couvert le sol de la France, a fait sortir le plus florissant empire, le plus superbe édifice social? Et à qui appartiendrait mieux qu'à vous, Madame, de faire valoir d'aussi beaux motifs, et de devenir l'organe de la bienfaisance? C'est un emploi auquel la nature vous avait destinée en vous faisant aussi souverainement bonne, même avant que le cours des choses vous approchât des marches du plus puissant trône de la terre. — Quant à moi, tiré quelques instans de ma solitude et de mes livres par ce terrible ébranlement; ayant acquis quelqu'expérience nouvelle et de la plus excessive dépravation, et de la plus haute noblesse du coeur humain, je vais reprendre la vie contemplative et isolée qu'exige mon genre d'études; sans autre ambition que de voir la paix, la religion épurée, la culture des lettres régner sur l'Europe; sans autre desir que de conserver l'estime de mes amis, et du petit nombre d'êtres qui vous ressemblent.

Je suis avec un respect et un dévouement sans bornes,

Madame,

Votre, etc.

Lubeck, 15 Dec. 1806.

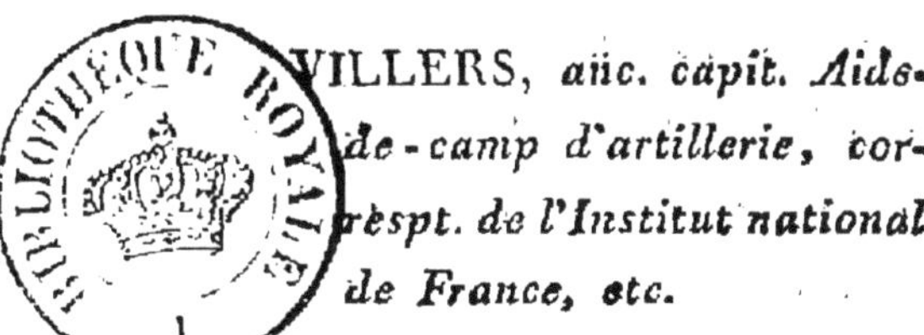

VILLERS, *anc. capit. Aide-de-camp d'artillerie, corresp. de l'Institut national de France, etc.*

www.ingramcontent.com/pod-product-compliance
Ingram Content Group UK Ltd.
Pitfield, Milton Keynes, MK11 3LW, UK
UKHW021220230726
13926UKWH00003B/1129